AF242812

PARIS

SON PASSÉ, SON PRÉSENT

SON AVENIR

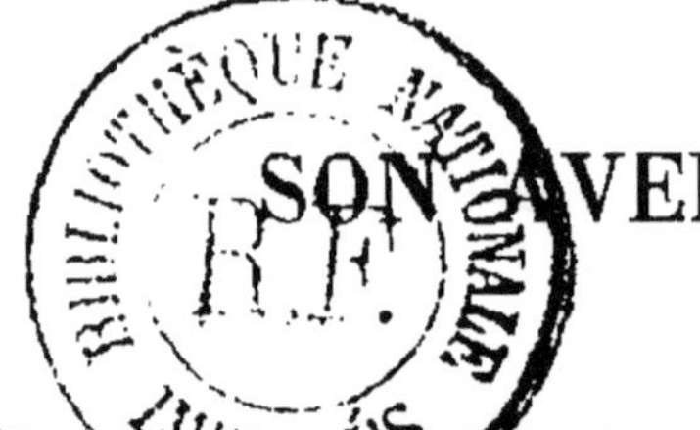

A L'OCCASION DES ÉLECTIONS DU 14 OCTOBRE 1877

———

Prix : 15 centimes

———

PARIS

CHEZ TOUS LES LIBRAIRES

—

1877

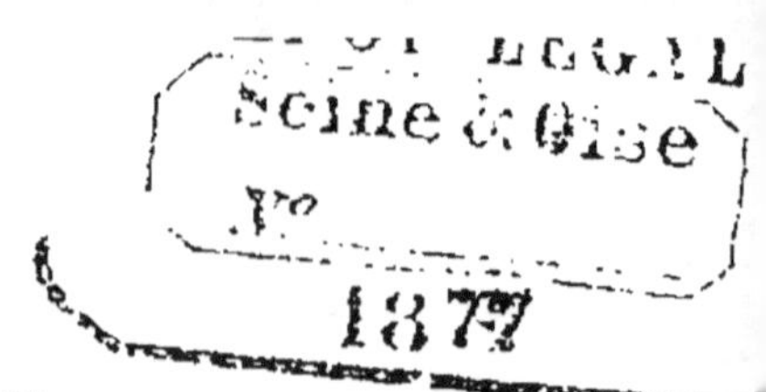

PARIS

DANS SON PASSÉ

15 octobre 1877.

Paris vient de voter : son vote dit ce qu'il est. 235,391 électeurs ont adhéré au programme qui se résume dans ce mot : *Le Cléricalisme, voilà l'ennemi !*

Si on ajoute à ce chiffre, les femmes, les repris de justice, les apprentis démagogues, trop jeunes pour exprimer légalement leur opinion, il est permis, sans rien exagérer, d'évaluer à 350,000 la population, plus ou moins communarde qui grouille dans Paris, et qui, le cas échéant, serait toute prête à recommencer les horreurs de la Commune.

Dans les provinces, 3,892,972 voix ont répondu aux voix démagogiques de Paris. Au sein du royaume très-chrétien, il y a donc plus de quatre millions d'hommes qui viennent de dire officiellement : *Le Cléricalisme, voilà l'ennemi !*

Le cléricalisme, c'est le catholicisme : ses dogmes, sa morale, ses institutions, ses prêtres, ses fidèles, le Pape, et Jésus-Christ lui-même, le premier des cléricaux. Et c'est après dix-huit siècles de lumières, de civilisation, de libertés, de bienfaits, dus au christianisme, que des bouches baptisées osent proférer un pareil blasphème !

L'illusion n'est plus possible. A Paris et dans les provinces, il y a des milliers et des milliers d'hommes, qui, avec plus ou moins de conscience, regardent les cléricaux comme des ennemis publics, et qui, au moment donné, croiront rendre service à la société en les tuant, sans plus de scrupule qu'on tue des bêtes fauves.

Ils ne s'en cachent pas. Aujourd'hui même, 15 octobre, deux ouvriers passant dans la rue de Sèvres, l'un demandait à l'autre : « Pour qui as-tu voté ? — J'ai voté pour qu'on f... le feu à ces maisons : il montrait un couvent. »

Un autre : « Je réserve une balle à l'archevêque, parce qu'il a refusé la Madeleine pour l'enterrement de Thiers. »

Un troisième, rencontrant une sœur de Saint-Vincent de Paul, lui a dit : « Vous nous avez échappé la première fois ; mais cette fois-ci nous ne vous manquerons pas. » Tels sont les propos et mille autres du même genre, qui circulent parmi le peuple de Paris.

Ainsi, et pour les mêmes raisons, leurs pères de 93 pillaient, emprisonnaient, massacraient, envoyaient à l'échafaud, ceux qu'on appelait aristocrates : c'étaient les cléricaux de l'époque.

Par son vote d'hier, Paris donne raison à ces aspirations sanguinaires. Pour ses représentants, il choisit tout ce qu'il y a de plus anticlérical, parmi les plus anticléricaux : je veux dire les ennemis les plus hautement déclarés du christianisme !

Déjà, après le siége, où il avait tant souffert, Paris avait envoyé à la Chambre, pour tirer la France de l'abîme, des députés dont il est utile de rappeler le nom, avec le chiffre des suffrages donnés à ses candidats :

Louis Blanc	216,471	Marc Dufraisse	101,192
Victor Hugo	214,169	Greppo	101,001
Garibaldi	200,065	Langlois	95,756
Quinet	199,038	Frébault	95,435
Gambetta	191,211	Clémenceau	95,048
Rochefort	163,428	Vacherot	94,394
Saisset	154,347	Jean Brunet	93,645
Delescluse	153,897	Floquet	93,238
Joigneaux	153,314	Cournet	91,648
Schœlcher	149,918	Tolain	89,160
Félix Pyat	141,118	Littré	87,780
L. Martin	139,155	Jules Favre	81,126
Pothuau	138,142	Arnaud (Ariége)	79,710
Lockroy	134,635	Ledru-Rollin	76,732
Gambon	129,573	Léon Say	75,936
Dorian	128,197	Tirard	75,178
Ranc	126,592	Razoua	74,415
Malon	117,253	Ed. Adam	73,217
Brisson	117,100	Millière	73.145
Thiers	102,954	Peyrat	72,243
Sauvage	102,690	Farcy	69,798
Martin Bernard	102,198		

Devant de pareils noms et de pareils chiffres l'âme oppressée reste muette.

Ainsi, pour sauver la France et pour se sauver lui-même, Paris, à deux ou trois exceptions près, se fit représenter par tout ce qu'il y a de plus rouge et de plus notoirement impie. Et les plus rouges parmi les rouges, et les plus impies parmi les impies, obtinrent ses préférences. La postérité refusera de croire que la haine du christianisme et de la société ait pu atteindre un pareil paroxysme.

En répondant, par cette audacieuse déclaration de guerre, aux sévères avertissements que la Providence venait de lui donner, Paris non-seulement se couvrait d'une honte éternelle et épouvantait le monde, mais il appelait sur sa tête de nouveaux châtiments : ils ne se firent pas attendre.

Six semaines après les élections, éclate la Commune. Bientôt, Paris, rançonné, saccagé, brûlé, démoli, pétrolé, devenu un théâtre de sacriléges, d'assassinats, de crimes inconnus dans l'histoire, envoie de nouveau à l'Assemblée la plupart des hommes dont les doctrines avaient préparé cette débauche de la sauvagerie en délire. Leurs noms sont trop connus pour qu'il soit besoin de les rappeler. Hier encore, pour la plupart, les mêmes noms viennent d'être officiellement acclamés.

Paris se montre donc incorrigible, rien ne l'éclaire ni ne le touche. Ville coupable, et néanmoins toujours aimée : que le Dieu de Clovis, de Charlemagne et de saint Louis n'a-t-il pas fait pour te maintenir dans le devoir ou pour t'y faire rentrer ? Tour à tour, il a fait parler sa tendresse et sa justice.

Sa tendresse : il t'a placée au cœur du paradis de l'Europe, et t'a faite la splendide capitale du plus beau des royaumes après celui du Ciel. Il a donné à tes habitants le monopole de l'urbanité, de l'esprit, des arts et de la littérature, avec l'incomparable privilége d'attirer les sympathies de tous les peuples.

Par ton influence sans rivale, il t'a faite reine de la France, reine de l'Europe, reine du monde. Il n'a rien omis pour rendre ta beauté morale égale à ta beauté matérielle. Le Dieu qui t'a aimée malgré tes égarements, peut bien te dire ce qu'il disait à Jérusalem : Combien de fois j'ai voulu faire de toi une ville sainte, et tu ne l'as pas voulu !

Sa justice : voyant Paris sourd à la voix de sa tendresse, Dieu lui a parlé par la voix de sa justice. Ville ingrate, relis l'histoire de tes derniers jours, et comprends. C'était en 1870. Jusque-là, tranquille et joyeuse, fière de ton luxe et de tes richesses, tu ne songeais qu'à jouir de la vie.

Chaque dimanche tu versais, hors de ton enceinte, tes habitants par centaines de mille. Ces multitudes affolées et bruyantes se répandaient dans les villas, dans les campagnes et dans les bois, pour se livrer à des plaisirs plus ou moins dangereux, et trop souvent à de criminelles orgies. Tout à coup, tu te vis enfermée dans un cercle de fer. Même pour leurs affaires les plus importantes, tes habitants ne purent franchir tes murailles, sans s'exposer à trouver la mort.

Par les portes de Paris, toujours ouvertes, arrivaient nuit et jour d'innombrables voyageurs, qui lui apportaient le mouvement, la richesse et la vie. Et pendant cent trente jours Paris, enfermé dans un tombeau, fut isolé du monde entier.

Mille moyens plus rapides les uns que les autres transmettaient incessamment la pensée parisienne jusqu'au dernier hameau des provinces les plus éloignées. Paris fut réduit à se servir des oiseaux et des nuages pour messagers. Incertains dans leur marche, ces messagers n'apportaient que rarement quelques nouvelles de Paris et, si ce n'est par exception, ne lui en rapportaient aucune du reste de la France. Jamais pareille chose ne s'était vue : amère dérision pour le dix-neuvième siècle, et pour Paris en particulier, si fier de ses progrès.

Ce n'est pas tout. Malgré ma défense, dit le Seigneur, tu travaillais tous les dimanches : tu ne travailleras même plus pendant la semaine. Au monde entier tu fournissais des objets de luxe et les marchandises les plus variées : ton commerce sera mort, et ton industrie consistera à fabriquer des armes pour ta défense.

Tu passais les nuits dans les bals et dans les théâtres ; tu coucheras dans les rues, dans les caves et sur tes remparts, exposée au froid, à la pluie et aux projectiles enflammés de tes redoutables ennemis.

Tout ce que le monde peut produire de plus

recherché en fruits, en légumes, en viandes, en poissons, arrivait sur tes tables : tu mangeras du pain noir, dur et moisi; tu mangeras du cheval, du chien, de l'âne, du chat, du rat. Viendra même le jour où tu en demanderas, et tu n'en auras plus.

Tu faisais de la nuit le jour, et par la profusion de tes lumières tu essayais de rivaliser avec le soleil : tu n'auras plus ni bois pour te chauffer, ni gaz pour t'éclairer (1).

Parée comme une courtisane, tu courais de fêtes en fêtes, de plaisirs en plaisirs : voilée de noir, tu marcheras la tête baissée, et le bruit du canon remplacera le son de tes instruments de musique.

Orgueilleuse et opulente, tu voyais tes nombreux palais habités par les riches de la terre et tes rues sillonnées par leurs brillants équipages : tes palais seront déserts, le silence régnera dans tes rues, et à tes portes frappera inévitablement l'impitoyable misère.

Ceci est officiel. « Quand on a eu perdu tout espoir de secours et toute chance de succès, dit l'*Annonce* de la capitulation, il nous restait du pain assuré pour huit jours et de la viande de cheval pour quinze jours, en abattant tous les chevaux.

(1) Le gaz nous a manqué le premier, et la ville a été plongée le soir dans l'obscurité; puis, est venue la disette de bois et de charbon. Il a fallu, dès le mois d'octobre, suppléer à la viande de boucherie en mangeant des chevaux, etc. (*Annonce officielle de la capitulation de Paris*).

« Nous avons cessé la résistance, rendu les forts, désarmé l'enceinte ; notre garnison est prisonnière de guerre ; nous payons une contribution de deux cents millions. »

Voilà ce que Dieu a fait pour faire rentrer Paris en lui-même et le convertir. Mieux que la voix de son amour, la voix de sa justice a-t-elle été écoutée ? De ses angoisses, de ses humiliations, de ses privations, Paris a-t-il fait l'expiation de ses fautes ? Comme Ninive a-t-il demandé pardon ? Y a-t-il seulement songé ?

Poser ces questions, c'est les résoudre. Hélas ! non ; Paris ne s'est pas converti. Le siége passé, Paris a repris ses anciennes allures, et provoqué un châtiment plus sévère que le premier.

Le 18 mars 1871, l'ère néfaste de la Commune s'inaugure par un double assassinat. C'est le signal d'incroyables forfaits et d'incroyables terreurs. Aux mains de trois cents mille bandits, hommes et femmes, le fer, le feu, le pétrole, le poison, font de Paris le vestibule de l'enfer.

Les Tuileries, l'Hôtel de ville, le palais de la Cour des comptes, le Ministère du commerce, le Grenier d'abondance, les Docks de la Villette, une foule d'hôtels et de maisons particulières, deviennent la proie des flammes. Cinquante églises sont indignement profanées, changées en clubs et en lieux de débauches. Le faubourg Saint-Germain est miné ; à la Roquette les otages, l'archevêque de Paris à leur tête, sont fusillés ; à la rue Haxo, ils sont hachés, aux applaudissements d'une populace en délire.

Tel est le spectacle que Paris donna au monde pendant la Commune : et ce spectacle dura deux mois !

PARIS DANS LE PRÉSENT.

Paris a-t-il ouvert les yeux ? A-t-il reconnu la main qui l'a frappé ? A-t-il avoué, par un acte public quelconque, que ces coups étaient mérités ? Après s'être humilié, a-t-il remis Dieu en haut et l'homme en bas, dans sa vie publique et dans sa vie privée ? C'est une pensée qui ne lui est pas même venue, une pensée dont l'expression incomprise le ferait probablement sourire de pitié.

La vie de Paris depuis la Commune en est la triste preuve. Le voyageur qui rentrait à Paris, après les châtiments exceptionnels dont cette Babylone venait d'être frappée, s'attendait à la voir porter son deuil, le deuil de la France, battue, humiliée, démembrée, aplatie comme ne le fut jamais une nation catholique. Quelle fut douloureuse sa première impression !

Dans cette ville encore couverte de meurtrissures et souillée de sang, au milieu des ruines fumantes de ses plus beaux édifices, que voit-il ? La même physionomie, la même légèreté de mœurs, la même fièvre de luxe, d'affaires et de plaisirs ; la même profanation du dimanche ; les mêmes foules aux théâtres et

dans les lieux publics; le même déluge de
journaux, de romans et de livres corrupteurs;
le matérialisme librement enseigné dans les
chaires publiques; et, par centaines, les hommes
et les femmes de toute condition se faisant en-
fouir comme des animaux, sans aucune pro-
testâtion sérieuse de l'opinion publique contre
un scandale inconnu, même chez les sauvages.

A ce spectacle, le voyageur s'écriait la ter-
reur dans l'âme : Paris n'est pas converti !
Depuis cette époque, Paris a-t-il changé ? Nul-
lement : ce qu'il fut, il l'est encore. Mais qu'est-
ce que Paris demeurant le même qu'avant le
siége et avant la Commune ? C'est Paris demeuré
impénitent sous les terribles coups de la justice
divine.

Paris impénitent, c'est Paris devenu plus coupable ; Paris plus coupable, c'est Paris devenu
plus méchant, plus impie, plus débauché, plus
hostile à la religion et, comme un insensé, don-
nant ses suffrages aux plus implacables ennemis du cléricalisme.

C'est Paris accumulant ses dettes envers la
justice divine et appelant sur lui, dans un avenir plus ou moins rapproché, mais inévitable,
les suprêmes catastrophes, tombées tant de fois
sur les villes obstinées dans le mal : Babylone,
Rome, Jérusalem et tant d'autres.

Paris non converti, c'est Paris devenu plus
que jamais la métropole de la révolution, l'officine de l'incrédulité, le grand laboratoire du
sensualisme.

Métropole de la révolution. — Paris est la ville du monde baptisé qui, plus que toute autre, met et enseigne, par la parole comme par l'exemple, à mettre l'homme en haut et Dieu en bas : ce qui est l'essence même de la révolution.

Tous les huit jours, par la profanation publique, opiniâtre, scandaleuse du dimanche, il fait hautement profession d'athéisme. Au Fils de Dieu il ne permet pas de se montrer publiquement dans ses rues et il autorise les processions du bœuf gras ! A l'exemple il joint la parole. Des deux hémisphères, Paris est la ville qui fabrique avec le plus d'art et d'activité les poisons révolutionnaires. Si les pontifes de la révolution démocratique et sociale, c'est-à-dire essentiellement antichrétienne, sont à Berlin et à Londres, les apôtres sont à Paris. L'Orient maçonnique de Paris rayonne sur toutes les loges de France, qui obéissent tête baissée à ses mots d'ordre.

Officine de l'incrédulité. — Paris est le plus ardent foyer de l'impiété. Ni Londres, ni Vienne, ni Berlin, ni Pétersbourg ni Constantinople, n'ont entendu proférer des blasphèmes contre Dieu, contre Jésus-Christ, contre toute autorité divine et humaine, contre toute croyance religieuse et sociale, comme ceux qui ont retenti, surtout ces dernières années, dans les clubs de Paris, même dans les réunions électorales, et qui ont été propagés, sans opposition, par des centaines de brochures et par des milliers de journaux.

Je n'en rapporte qu'un seul. Il est tel que, depuis l'origine du monde, jamais l'oreille de l'homme n'avait rien entendu de pareil. Du sein d'un club nombreux, s'élève une voix qui dit : « Le moment est venu de remplacer la théologie par la géologie et la sociologie. »

Puis, frappant sur la table, l'énergumène s'écrie : « Je ne crains pas la foudre, citoyens ; je hais le Dieu, le misérable Dieu des prêtres, et je voudrais, comme les Titans, escalader le ciel *pour aller le poignarder.* » (*Applaudissements prolongés.*)

Proféré dans Rome païenne, un pareil blasphème eût, sur-le-champ, fait traîner son auteur aux Gémonies : Paris ne s'est ému ni de celui-là ni de mille autres.

Grand laboratoire du sensualisme. — Le fait est notoire, c'est à tel point qu'ils appellent Paris : *La Capitale des plaisirs.* Et quels plaisirs ? Pour se rendre de plus en plus digne de ce nom sinistre, Paris ne recule devant aucune dépense, devant aucune folie. Sa grande préoccupation est de se transformer en Babylone. Pris de la fièvre des démolitions, il renverse de fond en comble ses anciens quartiers, ne respecte aucun monument de son histoire, aucun lieu consacré par les vertus ou les hauts faits de ses ancêtres. Tout cède devant l'impitoyable ligne droite.

D'un bout de son enceinte à l'autre, il ouvre de larges boulevards, qu'il borde de deux lignes de palais. Au point de vue même de sa sécurité,

Paris sait-il bien ce qu'il fait? Dans ces anciennes maisons, qui tombent sans pitié sous le marteau des démolisseurs, il y avait des demeures pour les ouvriers et même pour les pauvres.

Les modestes locataires des mansardes se trouvaient en contact habituel avec les habitants des grands appartements. Des paroles bienveillantes, des visites, des secours, apprenaient aux pauvres, aux malades, aux enfants des ouvriers et des pauvres à connaître le riche, à l'aimer, ou, du moins, à ne plus le haïr. Aujourd'hui ce contact éminemment social devient impossible.

L'ouvrier sait bien qu'il n'occupera jamais ni les palais qu'il décore avec tant de luxe, ni les riches hôtels qu'il bâtit de ses mains. Son pauvre mobilier chargé sur une charrette, il s'en va, hors Paris, chercher un asile pour lui et pour sa famille. Des centaines de mille font la même chose. Tous emportent au fond de l'âme la haine jalouse du *bourgeois:* en sorte qu'il se forme autour de Paris comme une ceinture de prolétaires, disposés à se venger de l'expulsion dont ils sont l'objet.

Au lieu de s'en préoccuper, Paris bâtit des théâtres dont un seul lui coûte plus de cinquante millions : et il n'a pas quatre millions pour élever une église au Sacré-Cœur !

A l'heure même, il dépense des sommes fabuleuses pour réaliser la gigantesque folie qui s'appelle le *Palais de l'exposition;* et se transforme de plus en plus en ville païenne, en ville de luxe et de débauche.

Aussi, Paris est la coupe empoisonnée, où viennent boire tous les peuples, dont les nombreux représentants, Anglais, Russes, Américains, Allemands, Espagnols, arrivent chaque automne, les mains pleines d'or, pour jouir, et reporter en détail, dans leur pays, la corruption qu'ils sont venus chercher en gros dans la moderne Babylone.

Ce fait honteux, et si compromettant pour Paris, est tellement vrai que, pour se livrer à leurs passions, les corrompus et les corrupteurs de l'ancien et du nouveau monde ne vont ni à Londres ni à Berlin, ni à Pétersbourg ni à New-York, mais ils viennent à Paris. Ajoutons que, depuis vingt ans surtout, Paris n'omet rien pour les attirer.

Ce qui fait de Paris le plus redoutable agent de la révolution, de l'impiété et du sensualisme, c'est son influence. Cette influence est universelle et sans rivale. Paris l'exerce par sa langue, par ses journaux, par ses livres, par ses arts, par ses modes, par son goût, par son luxe, par ses acteurs et ses actrices, qu'il envoie dans toutes les capitales.

Grâce à tous ces moyens, joints à son caractère mystérieusement sympathique, Paris communique sa vie, non-seulement à la France, dont toutes les villes s'ingénient à se faire à l'image de Paris, mais encore aux plus obscurs villages, où les modes de Paris donnent le ton.

Il la communique même à l'Europe, à l'Amérique, et jusqu'au Japon, où les femmes, à l'instar de Paris, portent des chignons. *C'est Paris qui habille le monde qui s'habille.* De quelle capitale peut-on en dire autant?

Or, cette influence, telle que Paris l'exerce, est une iniquité permanente, et la plus grande qu'une ville puisse commettre. D'une part, c'est l'abus sacrilége de la vocation providentielle de Paris et de la France, évidemment destinées par leur histoire et par leurs qualités natives, à être les actifs instruments du bien dans le monde entier; d'autre part, cette influence désastreuse de Paris est l'obstacle invincible à la conservation, à plus forte raison au développement de la religion en France et ailleurs.

Les provinces se pervertissent à vue d'œil. On le remarque avec effroi: les dernières élections en sont une nouvelle preuve. A qui la faute? Ce n'est pas nous, disent les provinces, qui nous sommes faites ce que nous sommes: c'est Paris. L'opinion accréditée parmi nous, est que tout ce que fait Paris, tout ce que dit Paris, tout ce qui vient de Paris, est vrai, beau et bon. Nous l'avons cru.

Aussi, matériellement et moralement toutes les villes de France tendent à devenir de petits Paris. Comme Paris, elles se bâtissent des théâtres, percent des boulevards, plantent des promenades. Aux modestes devantures de leurs boutiques, décorées du nom de magasins, la pierre et le bois font place aux marbres, aux glaces et aux dorures.

Comme Paris, elles ont leurs casinos et leurs cafés-chantants. Chaque jour expédiée par la poste, la pensée de Paris devient leur pensée et leur ôte le soin de penser elles-mêmes. Si donc les provinces sont perverties, elles peuvent dire avec vérité : *Ce n'est pas nous qui avons perverti Paris, c'est Paris qui nous a perverties.*

La perversion est d'autant plus inévitable que Paris est une immense sangsue, qui pompe nuit et jour le plus pur sang de la France. Que dirai-je encore ? Paris est, dans notre corps social, ce qu'est dans le corps humain le ventre de l'hydropique, devenu démesurément gros au détriment de tous les membres.

Chaque année, Paris attire et absorbe trois grandes cargaisons humaines. La première, celle des riches viveurs de l'Europe et de l'Amérique, nous la connaissons.

La seconde, celle des jeunes gens aristocratiques et bourgeois qui, de toutes les provinces, viennent dans l'intention de faire leurs études spéciales.

Au lieu de la vraie science, Paris donne aux meilleurs un enseignement antireligieux, matérialiste et athée.

Il y a quelques jours, un professeur de l'École de médecine terminait sa leçon par cet appel à son jeune auditoire: « Messieurs, l'année dernière j'ai dû vous signaler l'immense danger qui nous menace. Aujourd'hui ce danger est encore plus grand. Vous savez d'où vient ce danger et de quel ennnemi je veux parler. C'est cet ennemi puissant qui réside au delà du Tibre, et qui étend ses immenses tentacules *urbi et orbi.* » Applaudissements à tout rompre. Garibaldi appelait le vicaire de Jésus-Christ un vampire : le professeur en fait une pieuvre !

Les autres, en trop grand nombre, perdent dans la *vie de Bohème* leurs mœurs, leur santé, leur avenir.

La troisième, une foule de jeunes gens et de jeunes personnes des classes inférieures qui, au lieu des places et des emplois qu'ils viennent chercher, trouvent la misère, l'avilissement et la corruption. Ce malheur est d'autant plus inévitable que Paris bâtit toutes ses maisons au détriment des mœurs : plus de domestiques sous la clef.

A Paris est imputable la perversion et la dépopulation des campagnes, parce que Paris est le centre homicide de la centralisation et de la richesse. Pour avoir de la lumière et de la chaleur, on veut s'approcher du soleil. Afin d'obtenir l'une et l'autre, ce qui est loin d'arriver toujours, il faut venir à Paris et commencer par s'abdiquer soi-même.

Là, dans les rouages impitoyables des administrations supérieures, viennent se briser et s'annihiler toutes les forces vives de la nation. Paris règne et gouverne. Une émeute triomphante dans Paris suffit pour mettre la France en révolution. Devant Paris, la France est une marionnette qui crie, qui se tait, qui se repose, qui saute ou qui tombe, suivant qu'il plaît à Paris de s'agiter ou de rester calme. De là ce mot, tant de fois vérifié par l'expérience : *Quand Paris a le rhume, toute la France éternue.*

Ce despotisme de Paris est l'étouffement de tout esprit public, de tout esprit d'initiative dans les provinces, et de toute dignité dans la nation : il n'en peut être autrement. Tout peuple puissamment centralisé est un peuple de fonctionnaires. Un peuple de fonctionnaires, qu'on nous permette de le dire, est un peuple d'automates et de valets. Un peuple de valets est un peuple sans indépendance. En général, le fonctionnaire ne connaît d'autre règle que la volonté du maître, et de mobile que la conservation, à tout prix, de sa place grande ou petite.

Un peuple qui en est là, est un peuple déchu. A moins d'un miracle, un peuple déchu est un peuple fini. C'est le terme fatal auquel Paris a travaillé à conduire la France, et auquel, restant ce qu'il est, il continuera de travailler avec un succès désespérant.

Ce que nous disons de Paris, disons-le en passant de toutes les grandes capitales. Le *Cléricalisme,* qui comprend mieux que ses aveugles ennemis les vrais intérêts de la liberté et de la dignité des nations, se montra toujours l'ennemi des grandes capitales. Par ces terribles missionnaires de la justice divine, qu'on appelle les Barbares, et qui furent nos pères, il fit main basse des grandes capitales de l'antiquité. De leurs ruines sortit la liberté des provinces, la formation et l'émancipation des communes, la liberté des peuples, le sentiment de leur dignité, la conscience de leur valeur.

L'histoire nous a conservé l'immortelle formule de ce noble orgueil, fruit de la liberté chrétienne. Lorsque le roi d'Espagne venait prendre possession du royaume d'Aragon, il se rendait sous le chêne de Guernica, où l'attendaient les autorités du pays. Devant lui s'avançait le grand justicier d'Aragon qui lui tenait ce langage : « Seigneur, nous qui valons autant que vous, et qui pouvons plus que vous, nous consentons à vous reconnaître pour notre roi, à la condition que vous garderez nos fueros (nos libertés), sinon, non. »

Encore un exemple. Isabelle de France, sœur de saint Louis, eut pour apanage le ville d'Aumale. Lorsque la princesse se présenta pour prendre possession de son fief, les échevins l'attendaient à la porte de la ville, et lui dirent : « Madame, vous ne franchirez pas la seuil de cette porte, avant d'avoir juré sur l'Évangile que vous respecterez toutes nos franchises. » Et ils lui présentèrent la charte de la commune, composée de cinquante-deux articles. La princesse jura de les respecter, et tint parole.

Aujourd'hui, dans notre monde centralisé, le moindre caprice législatif d'un ministre quelconque, opposé ou non aux libertés les plus élémentaires des communes, rend toutes les bouches muettes et fait courber toutes les têtes.

Ainsi, la liberté est ancienne, parce qu'elle

est fille du catholicisme, qui est ancien. Le despotisme est nouveau, parce qu'il est fils de la centralisation, laquelle est fille de l'anticatholicisme, qui est moderne.

Comprend-t-on que le peuple se laisse mener par ces hommes qui crient aux quatre vents : *Le Cléricalisme, voilà l'ennemi ! mort au Cléricalisme !*

PARIS DANS L'AVENIR.

Si Paris ne se convertit pas, que lui arrivera-t-il ? Qu'arrivera-t-il à la France? C'est en tremblant que nous essayons de répondre.

Si Paris ne se convertit pas ; s'il ne redevient pas sérieusement chrétien ; s'il ne met pas son influence prépondérante au service du bien, comme il l'a mise trop longtemps, comme il la met encore, au service du mal, ses jours sont comptés. Paris signe son arrêt de mort ; car il perd sa raison d'être.

Paris impénitent perd sa raison d'être, attendu qu'il n'a pas de brevet d'immortalité. Babylone a péri ; Ninive a péri ; Memphis a péri ; Rome a péri ; toutes les grandes capitales sont mortes, et mortes de mort violente. Pourquoi? Parce que, comme Paris, elles étaient toutes devenues des foyers de corruption : foyers de corruption, qui, infectant la terre entière, contrecarraient directement l'œuvre de la sanctification du monde, but suprême de tous les conseils du Tout-Puissant. En suivant la voie de toutes ces grandes prostituées, Paris arrivera au même terme.

On se demande, aujourd'hui surtout, avec un étonnement qui va croissant : Pourquoi Paris vote toujours mal ? La réponse est facile. Par le fait même de son immense population, Paris est un foyer de corruption. Or, la corruption est toujours révolutionnaire : révolutionnaire non-seulement en religion, mais en politique. Voilà ce qui explique les incroyables votes de Paris en 1871, en 1876, et le plus incroyable de tous en 1877. Il en sera toujours ainsi. Quoi qu'on fasse, les grandes agglomérations d'hommes, et même de jeunes gens, ont d'inévitables foyers de corruption religieuse et sociale.

« Sire, disait Sully à Henri IV, ne permettez jamais que la population de Paris dépasse cinq cent mille âmes, autrement la France deviendra ingouvernable.

Le mot du sage ministre s'est douloureusement vérifié : aujourd'hui même il menace de se vérifier plus tristement encore. Paris, et les provinces perverties par Paris, ont fini par jeter la France dans une telle impasse, qu'elle ne peut en sortir que par *un coup de tonnerre*, ou par une Convention : c'est l'un ou l'autre.

Que fera le pouvoir ? Nous n'avons pas à répondre. Nous nous permettrons seulement de lui dire : N'ayez pas peur : *Fais ce que dois et advienne que pourra*. Qu'adviendrait-il d'un coup d'Etat, mais rapide et complet ?

Quelques semaines après le 18 brumaire,

Napoléon voyait les plus fiers républicains de 93 se presser dans ses antichambres, sollicitant des faveurs, et le premier consul disait : « Voyez tous mes Brutus ; je n'ai qu'à dorer leurs coutures pour en faire des valets. » Les Brutus d'aujourd'hui sont les mêmes que les Brutus d'autrefois. Leurs vertèbres sont également flexibles ; car tous adorent le même dieu : leur intérêt.

En dehors d'un coup d'État, reste la Convention ou la Commune légale. C'est à la ressusciter que tendent évidemment les démagogues de la Chambre, suivis de tous les anticléricaux. Ils ne s'en cachent pas ; et, quand ils s'en cacheraient, leurs aspirations et leurs actes ne permettraient pas d'en douter. Pour eux, la France ne remonte qu'à la proclamation de la République par la Convention, 21 septembre 1793. C'est de là que, aujourd'hui même, ils datent leurs journaux. Au bout de leurs plumes et sur leurs lèvres, se trouve constamment l'éloge des hommes et des œuvres de cette époque.

Rappelons donc en passant ce qu'étaient leurs glorieux pères et la glorieuse Convention. Dans la crainte de n'être pas cru, laissons la parole à un de leurs plus *vénérables* pères, à celui-là même qui inaugura la Convention et proclama la République.

Le 24 décembre 1796, le jacobin Grégoire écrivait : « Aucune persécution ne présente les caractères atroces de celle que nous venons de traverser. Nous étions destinés à savoir qu'il y a encore du nouveau dans le genre du crime. Il faudrait des siècles pour réparer les ravages exercés sur les monuments de la piété et du génie, accumulés pendant des siècles. On a *détruit*, je ne dirai pas pour des millions, mais pour des *milliards*.

« Un calcul approximatif élève à trois cents mille (1) les auteurs de tant de forfaits. Car chaque commune avait à peu près cinq ou six bêtes féroces qui, sous le nom de Brutus, ont perfectionné l'art de lever les scellés, de noyer, d'égorger. Ils ont dévoré des sommes immenses pour payer des orgies, et célébrer trois fois par mois des fêtes, qui, après une première représentation, étaient devenues des parodies, où figuraient deux ou trois acteurs, sans spectateurs.

« Elles n'étaient composées à la fin que du tambour et de l'officier municipal ; encore celui-ci, tout honteux, cachait-il souvent son écharpe dans sa poche, en allant, au temple de la Raison, hurler des sottises décadaires et célébrer ce qu'on appelait le culte de la Raison, le culte de la Loi, le culte de la Liberté, le culte de Marat : car il a eu aussi ses autels.

« Mais ces trois cent mille brigands avaient pour directeurs deux ou trois cents membres de la Convention nationale (2), qu'il faut bien n'appeler que scélérats, puisque la langue n'offre pas d'épithète plus énergique.

(1) C'est à peu près le nombre actuel des communards à Paris.

(2) Même chose pendant la Commune et aujourd'hui.

« C'est elle, la Convention, et la République qu'elle décréta, qui pendant trois ans, révoltée contre le peuple, voulut lui arracher sa propriété la plus sacrée, la religion ; c'est elle qui invita les prêtres au parjure et qui démoralisa la nation : c'est elle qui vomit dans tous les départements cette horde de proconsuls, près desquels Néron, Sardanapale et Cartouche eussent été des hommes à canoniser. »

Et aujourd'hui même, Paris envoie à la Chambre des admirateurs de la Convention ! Comment ne pas dire qu'en le faisant, Paris signe de nouveau son arrêt de mort et prépare à la France quelques nouvelles saturnales, qui épouvanteront l'Europe et le monde ?

Il n'y a pas de société, pas de ville, pas de famille sans pouvoir et sans devoir. L'égalité universelle est une chimère. Elle n'existe ni dans le monde moral, ni dans le monde physique. On ne la trouve que sur le chiffon de papier malpropre, appelé la Déclaration des droits de l'homme.

Autorité et soumission : telles sont les deux bases nécessaires de toute association humaine. Or, le christianisme seul donne la raison du pouvoir et du devoir, de l'autorité et de l'obéissance. Sortez de là : le droit de la force remplace la force du droit ; et vous n'aurez jamais que despotisme d'une part, et esclavage de l'autre. Avec le despotisme et l'esclavage, le genre humain devient un bétail. A l'orgueil du tyran répond la haine de l'esclave ; et, tôt

ou tard, cet état contre nature, aboutit aux canons des barricades.

Conçoit-on maintenant l'inqualifiable aber-
ration de Paris, qui se fait représenter par tout
ce qu'il y a de plus emporté parmi les ennemis
du catholicisme ? A quoi comparer cette mal-
heureuse et trop coupable ville, sinon à un
forcené qui s'acharne à démolir un édifice, dont
la chute l'écrasera sous ses ruines?

Pauvre Paris, quel avenir tu te prépares !
Comme les hommes antédiluviens, tu ne songes
qu'à jouir, et ils ne se doutaient pas que le déluge était à leur porte. Comme eux aussi, plongée dans la matière et enivrée de jouissances,
tu ne crois pas à tes futurs malheurs. Comme
eux encore, tu traites de rêveurs les Noé qui
t'avertissent.

Dans ton orgueil, tu dis: Je suis entourée de
puissantes murailles ; des milliers de soldats
veillent à ma garde ; la France entière est inté-
ressée à ma conservation. Et tu oublies que, malgré tes murailles et tes soldats, malgré les sympathies dont tu te flattes, si la Commune avait
duré quinze jours de plus, tu ne serais qu'une
ruine. Ton plus noble faubourg, miné d'un bout
à l'autre, n'existerait plus ; et qui sait s'il ne serait pas arrivé aux autres, ce qui est arrivé à tes
plus beaux édifices ?

Tu oublies que tu renfermes dans ton enceinte plus de trois cent mille communards et
communardes; tu oublies qu'ils ont soif de la
vengeance et de la destruction, et qu'ils ne t'é-

pargneront pas plus, peut-être moins, que leurs devanciers. Si tu en doutes, écoute leur programme :

« Il ne nous manque plus qu'une volupté ; c'est de pendre de nos mains le dernier prêtre au cou du dernier riche.

« La Jérusalem sanglante du prolétariat s'avance comme l'ange réparateur. Puisse-t-elle, moi vivant, écraser tous ceux qui veulent dominer l'humanité, et qui se croient du génie, de la naissance, de la fortune et de l'autorité ! Nous nivelons, nous nivelons ; et un jour la vieille société, bâtarde, décrépite, se trouvera honteuse d'être condamnée à mourir, par ceux dont elle a méprisé les noms : quel beau jour (1) » !

Et, pour les aider, ils rappellent à grands cris, leurs frères de Nouméa !

Vaines menaces ! dit-on, ils n'ont pas d'armes. « Si nous n'avons pas de canons, nous avons le pétrole. » Et moins que toute autre ville, toi, Paris, tu n'ignores pas qu'ils savent sen servir.

Mais à quoi leur servira de me brûler ? « Nous brûlerons, nous démolirons ; puis, nous rebâtirons : ça fait aller le commerce. »

Indépendamment de ces menaces plus sérieuses que tu ne penses, car il ne faut jurer de rien, la justice de Dieu a bien d'autres moyens d'en finir avec toi. Comme à Lisbonne, au siècle dernier, comme à la Guadeloupe, il y a

(1) Lettre de Kohlmayer à Justus de Lausanne.

quelques années, deux secondes lui suffisent pour t'ensevelir sous tes ruines, te faire disparaître, et à ta place ne laisser qu'un marais infect, encombré de débris tellement méconnaissables, que le voyageur stupéfait demandera : *Où fut Paris ?*

Cela peut-il t'arriver ? Tout est possible. Cela t'arrivera-t-il ? Je l'ignore. Tout ce que nous savons, c'est que Paris a un terrible dossier au greffe de la justice divine. Ce qu'en fait de crimes aucune ville baptisée n'a jamais commis, Paris l'a fait.

Il y a moins d'un siècle, en quatre jours, il égorgea deux cents de ses prêtres. Sous nos yeux, il a assassiné de suite trois de ses archevêques. Sur ses autels, il a placé une prostituée et lui a rendu un culte public. Dans ce qu'il appelle les *Champs-Elysées*, il a bâti un temple à Cybèle ; et, en grande pompe, il est allé offrir à la déesse les prémices des biens de la terre. Seule entre les villes chrétiennes, voilà ce que Paris a fait ; et on ne voit pas qu'il s'en soit repenti.

Ce que nous savons encore, c'est que Dieu aura le dernier mot de l'orgueil obstiné : on ne se moque pas de lui impunément, autrement le mal aurait vaincu. Enfin, ce que nous savons, d'une science non moins certaine, c'est que, pour les villes comme pour le monde, il n'y a qu'un Sauveur : c'est le catholicisme.

Or, malgré les crimes de Paris, le catholicisme est encore vivant dans son sein ; et c'est à lui et à lui seul que Paris doit sa conservation.

L'auguste Victime immolée chaque jour des milliers de fois sur nos autels ; les âmes saintes encore nombreuses, les communautés religieuses, les bonnes œuvres de toute nature, sont les vrais paratonnerres qui empêchent les foudres divines d'écraser Paris.

Il y a donc dans Paris, le bon et le mauvais Paris ; deux villes dans une. La bonne ville, c'est Marthe la sainte : la mauvaise, c'est Madeleine l'étourdie. Chaque jour, le bon Paris, le Paris catholique, le Paris qui se confesse et qui communie ; le Paris de la Société de Saint-Vincent de Paul, des cercles ouvriers, des Sœurs de charité, des Petites Sœurs des pauvres, de la Réparation et de l'Adoration perpétuelle ; le Paris de Notre-Dame des Victoires et du Sacré-Cœur; le Paris de la prière et de l'aumône, ne cesse de demander la conversion de sa trop coupable sœur.

Pour elle, nuit et jour, Marthe offre au Père des miséricordes ses supplications, ses immolations, ses dévouements. Tour à tour elle parle à Dieu et à sa sœur.

A Dieu, elle dit : « Souvenez-vous des anciens jours, où Paris fut si chrétien, si généreux et si dévoué à votre gloire. Il est vrai, ma sœur a grandement péché : elle pèche encore; mais vous êtes toujours le père de l'enfant prodigue. Envoyez-lui, comme à Saul sur le chemin de Damas, une de ces grâces puissantes, qui l'arrête sur la route de l'iniquité. S'il vous faut une victime, prenez-moi à la place de ma sœur et sauvez-la. »

A sa sœur, elle dit, le cœur brûlant de tendresse : « Souvenez-vous des jours de notre enfance, alors que nous marchions d'un pas égal dans le chemin de la vertu. Souvenez-vous des soins paternels dont vous avez été environnée. Revenez de vos égarements. C'est par amour pour vous, et pour vous rappeler à vous-même et à lui que notre Père céleste vous a frappée. Il vous aime trop pour vous laisser croupir dans des vices qui vous rendent indigne de votre noblesse, vous dégradent et vous perdent.

« Dites-lui donc avec une confiance filiale et un repentir sincère : Mon Père, j'ai péché. Je me repens, pardonnez-moi. Autant vous avez été bon pour moi, autant je serai bonne pour vous. Oubliez mon passé ; à tout prix, je veux le réparer. Les précieuses qualités dont vous m'avez enrichie, j'ai eu le malheur d'en faire des instruments d'iniquités, désormais, je les ferai servir uniquement à votre gloire.

« A ces mots, ses entrailles seront émues ; il vous pressera sur son cœur. Beaucoup de péchés vous seront remis, parce que vous aurez beaucoup aimé. En revenant à la foi de votre baptême, vous serez l'admiration du monde, le salut de la France, la consolation de notre Père céleste, et vous aurez fait votre bonheur et le mien. »

Rien de plus profond que ce simple langage. Que Madeleine l'entende : elle est sauvée, et le monde avec elle. Alors se vérifiera ce qui a été dit :

Paris converti, c'est la France convertie.

La France convertie, c'est l'Europe convertie.

L'Europe convertie, c'est le monde converti.

Dans le fait, a-t-on une idée de l'impression que produirait sur la France, sur l'Europe, sur les pays les plus lointains, une voix qui dirait : Paris la capitale des lumières ; Paris la ville mondaine par excellence, Paris la reine du luxe et de la frivolité, Paris a compris qu'il faisait fausse route. Il a abjuré ses folies, il est revenu à la foi de son baptême.

Paris croit d'une foi publique tous les dogmes catholiques ; Paris est plein de respect et d'obéissance pour le souverain pontife redevenu son oracle ; Paris ne profère plus de blasphèmes et ne profane plus le dimanche ; Paris observe fidèlement toutes les lois de l'Église ; Paris ferme tous les lieux publics, dangereux pour les mœurs.

Ses nombreux chemins de fer, qui chaque jour versaient dans les provinces, dans l'Europe et dans le monde entier, des cargaisons de poisons intellectuels et moraux, ne transportent plus que des doctrines salutaires. Paris a voulu assurer son avenir, et il est devenu Ninive pénitente.

Et la France, et l'Europe et le monde se prendraient à réfléchir sur ce prodigieux changement. Ils l'admireraient ; ils en chercheraient la cause, et ne tarderaient pas à en ressentir la salutaire influence. Les anges du ciel applaudiraient, et Dieu lui-même dirait dans l'effusion de sa tendresse : Ma fille était perdue, elle est retrouvée ; elle était morte, elle est ressuscitée. Alors commencerait pour Paris, pour la France, pour l'Europe, pour le monde entier une ère de bonheur sans exemple dans l'histoire.

Qui peut opérer ce miracle nécessaire ? Celui qui peut tout. Comment l'obtenir ? Par la prière. A la vue des dangers qui nous menacent, et l'Europe avec nous, la prière plus fervente que jamais, les bonnes œuvres plus nombreuses, les dévouements plus héroïques, les conversions plus sincères : voilà pour vous ,chrétiens de Paris, en particulier, et, pour tous en général, individus, villes, nations du dix-neuvième siècle, chez qui le mal est au comble, l'unique moyen d'empêcher l'Europe de devenir la proie des barbares étrangers ou des barbares indigènes.

Que toutes les voix, tous les cœurs, toutes les larmes de la France, de l'Europe et du monde s'unissent donc à la voix, au cœur, aux larmes de Marthe la sainte pour obtenir la conversion de Madeleine : cette affolée qui, comme Ève, pèche plus par la mobilité de son esprit que par la perversité de son cœur : *Mobilitate magis animi quam pravitate peccaverat.* (S. Ambr. *in Luc.* ,c. IV.)

Se REPENTIR ou PÉRIR : il n'y a pas de milieu.

« Gens enim et regnum quod non servierit « tibi, peribit. » (*Isai.*, LX, 12.)

Ce qui est écrit est écrit.

FIN

FIN DE LA TABLE.

Corbeil. — Typ. et stér. de Crété,

CORBEIL. — TYP. ET STÉR. DE CRÉTÉ.